마음의 소리

마음의 소리

초판 1쇄 발행 2024년 2월 29일

지은이 최랑(최성호)
펴낸이 장길수
펴낸곳 지식과감성#
출판등록 제2012-000081호

교정 이주희
디자인 정은혜, 서혜인
편집 서혜인
검수 김지원, 정윤솔
마케팅 김윤길, 정은혜

주소 서울시 금천구 벚꽃로298 대륭포스트타워6차 1212호
전화 070-4651-3730~4
팩스 070-4325-7006
이메일 ksbookup@naver.com
홈페이지 www.knsbookup.com

ISBN 979-11-392-1674-5(03810)
값 14,000원

지식과감성#
홈페이지 바로가기

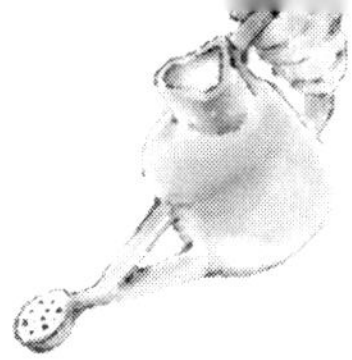

여러분은 어느 부류의 어떤 사람인가요?

마음의 소리

최랑(최성호) 지음

선이 있고 더불어 사랑이 있어야 그 사람은 행복을 누릴 수 있는 자격이 된다는 걸 우리는 아는지, 나 또한 그런지, 실천은 하는지. 행복한지 말뿐인 내가 되지 말아야 하는데, 노력하고 노력해 실천하는 실천자가 되길 바라며 행복해져야겠다. 좀 더 즐겁게 느끼고 선을 더한다면 내가 즐거움으로 글을 쓰는 데 힘이 되지 않겠나 하는 생각이다.

지식과감성#

저자 약력

최랑(최성호)

공주대학교 졸업

시집 『추억의 미소』 출간

시집 『조그만 미소』 출간

시집 『마음의 소리』 출간

머리말

인생이란 참 어려운 단어이다.
많은 철학자들이 인생을 논하지만
난 이렇게 생각한다.
하루를 살아도 선과 정의, 사랑 이들이 나의 기준점이 된다.
이렇게 살려고 노력한다.
나의 기준점은 변하지 않으려 노력한다.
세상이 아무리 변하고 변해도 나의 기준 변하지 않으리.

또한 하루를 살아도 즐겁고 건강하게 사는 것, 그것 또한 삶의 행복 아니겠는가?

부를 추구하는 것, 모든 이는 아니겠지만 평범한 이들이 갈망하는 순위 중 1순위에 오르지 않겠는지.

사는 것, 조금은 힘들어도, 나만의 즐거움과 모두의 즐거움이 있다면 그 즐거움은 결코 부족하지만은 않을 것이고, 나의 발전에 조금이나마 도움이 되지 않을까 생각되고, 나의 마음이 언제나 선을 이루고 마음을 비운다면 더 많은 행복이 다가오지 않을까 하는 게 나의 생각이자 바람일 것이며 기쁨일 것이다.

이번에 세 번째 시집을 출간하는 데 있어, 1집 『추억의 미소』는 시각적으로 느낀 바를 담은 게 대부분인 글이고, 2집 『조그만 미소』는 그때 그 시점의 마음에 떠오른 글을 주로 표현하였으며, 이번 3집 『마음의 소리』에서는 내 마음의 표현의 의미를 느끼려 노력하였다. 많은 느낌을 표하는 데 자유를 더하였으며 독자의 마음이 돼 보려는 노력을 하면서 독자의 마음을 함께 표현하고 싶었다.

『마음의 소리』에서는 노래 가사를 7편을 쓰기도 했고 또한 먼저 가신 상모님에 내한 장인어른의 마음이 가득한 시랑의 노래가 수록되기도 했다. 장인마저 장모님 따라 하늘에 오른 지도 벌써 1년이 다 된다.

장인어른의 시가 본문 47편 뒤로 16편이 수록됐지만 나의 마음은 묵묵하기만 하다.

변하고 변하는 것. 시간과 세월 무엇이 옳은가, 어느 것이 그른가 모두가 다 아는데 알고도 실천이 없어 불행한 삶을 살아가는 사람이 얼마나 많은가?

선이 중요하다 생각하는 사람, 아니 별것도 아니어서 시시콜콜하다는 그런 사람.

당신은 어느 부류의 사람인가?

선이 있고 더불어 사랑이 있어야 그 사람은 행복을 누릴 수 있는 자격이 된다는 걸 우리는 아는지, 나 또한 그런지, 실천은 하는지. 행복한지 말뿐인 내가 되지 말아야 하는데, 노력하고 노력해 실천하는 실천자가 되길 바라며 행복해져야겠다. 좀 더 즐겁게 느끼고 선을 더한다면 내가 즐거움으로 글을 쓰는 데 힘이 되지 않겠나 하는 생각이다.

목차

1부

2부

1부

사랑하는 사람

가슴속
사랑하는 사람
나의 사랑이여

아끼고 아끼고 또 아끼고 싶은 그대
언제나 내 곁에 있어
나의 기쁨이 되어 주오
나의 희망이 되어 주오

내가 줄 수 있는 것은 물질이 아니요
형식이 아니랍니다
줄 수 있는 것은 마음이요
나의 가슴이랍니다

즐거움의 그대
가슴을 울리는 그대
따뜻한 마음을 느끼게 하는 그대
그대는 나의 등불이요
나의 행복이랍니다

사랑의 미소

내가 그대를 사랑할 때
조건이 있는 건 아닙니다
다만
사랑입니다

사랑의 미소
바로 당신입니다

나의 마음을 흔들어 놓는
바로 당신의 미소입니다

가만히 당신의 미소를 바라보면
꿈속의 나비 되어 훨훨 나는 기쁨
오늘도 꿈꾸는 사랑입니다

미소가 없는 당신이라면
아무 의미 없는 나이겠지요
그대가 있기에 지금도 사랑의
글을 올립니다
사랑의 노래를 불러 봅니다

마음의 꽃

항상 따뜻함이 그득한 사람
늙어도 늙지 않는 마음
아무리 변해도
사랑이 변함없는 그런 사람
그런 사람이고 싶습니다

생각과 마음과 행동
모두 하나가 되어
사랑을 이루는
꽃이 되는
그런 사람이고 싶습니다

마음의 꽃
진정 가슴에 담고 싶은
그리움과
기다림 속 애절한
한 줄기 꽃이고 싶습니다

선이 있기에 행복하다

세상은 변해도
선은 변하지 않으니
아름다움이라

악이 아무리 뭐래도
선은 죽지 않으니
그 무엇이 선을 치리요
욕하겠는가

누구나 가슴속에는
선이 있다 하는데
그 선이
밖으로 나오면
그것이
바로 선이니

세상이 변해도
우리는 선이다
오늘도
선을 찾아 떠난다
선이 있기에 행복하다

부자와 행복

부자는 행복하다
많은 사람들 생각의 공통점
나
난 아니다
조금은 포함
하지만
거의 아닌 수준

돈 잘못 써
불행한 부자들 많고 많으니
돈으로 뭐든 할 수 있다
자만하지만
행복의 원천은 되지 못하리

사람의 행복
무엇이 행복을 주는가
현재로서의 조건
무엇이 나를 행복으로 이끄는가

행복의 조건

소박한 마음과

선하고 선한 선과

사랑이 그득한

조건이라면 어떨까

어디로 향하는가

많고 많은 사람들
무엇을 향해 저리도 바쁜지
이리저리 부산을 떠는가

많은 사람들이 돈을 향하는가
어쩔 수 없는 관계인가
모두의 고민인가

살다 보면 무엇이 이로운가
무엇이 나의 양약인지 알련만
돈이 나의 길을 막네

무수한 죄들이
보이진 않지만
죄의 길을 가진 않으리

난 어디로 향하는가
꿈속을 해매다
깨어 있는 그 모습
하지만
선에서 선으로 이루고 싶다

그대의 미소

당신이 있기에 행복합니다
항상 미소 속의 그대
너무도 아름답습니다
당신은 나의 사랑입니다
희망입니다

그대의 미소
마음만이 아닌
나의 사랑을 열어 주는
꿈속의 미소입니다

당신을 처음 만났을 때
난 그만
마음을 잃었습니다
당신에게 빼앗긴 것이죠
마음에 혼란이 왔지만
기쁨의 미소였죠

오늘도 그대의 미소
보고 있으면

마음의 물결

잔잔한 미소

그 숨결입니다

아름다운 사랑이고 싶다

사랑 사랑 사랑
모두들 말하지만
말뿐인 사랑
메마른 사랑이니

난 어떤 사랑일까
생각뿐인 사랑
말뿐인 사랑
그런 사랑이 아닌
실천하는 사랑
모두가 부러워하는
그런 사랑이고 싶다

세상이 변하고 변해도
변치 않는
메마른 사랑이 아닌
마음의 사랑
실천의 사랑
모두가 부러워하는
아름다운 사랑이고 싶다

사랑하는 당신

변하고 변하고 또 변해도
변치 않는 것 사랑이니
우리들 마음이라

꽃이 아름답다 했는가
금방 피고 지는 꽃
그보다 아름다운 것
바로 사랑이니
사랑의 아름다움이라

사랑은
주는 것
마음을 주는 것
가식적이지 않은 것
가슴속 마음을
아낌없이 주는 것

당신
바로 당신이
나의 사랑입니다

아낌없이 주고픈

나의 사랑입니다

나의 사랑

활짝 핀 꽃의 아름다움
자연스런 아름다움

당신의 미소는
더욱 아름답습니다

목적 없이 주는 마음의 아름다움
사랑으로 베푸는 아름다움
항상 미소 짓게 만드는 아름다움

당신은 나의 사랑입니다
하나밖에 없는 나의 사랑입니다

가만히 있어도 주고 싶은
마음만이 아닌
사랑이고 싶습니다

당신이 있기에
우리는 행복입니다
사랑의 아름다움

끝없이 끝없이

가고 싶습니다

선, 사랑, 행복

선의 시작은
어느 곳일까

사랑의 시작은
무엇일까

무엇을 행복이라 부를까

간단한 문제일까

서로 연관되고
연관되지만
어렵지 않은
아름다운 마음들

모두가 함께일 때
우린 행복이라
부르는가

셋 중에 하나만 있어도

많은 것을
얻은 것인데

이것들이
하나 되면
모두가 행복
천국 아니겠는가

핑계

하고픈 일들
진정 나는 어디에
생각은 하는지
무슨 일로
핑계를 대는지

즐거운 생각
행복한 그리움
그것 또한
아름다운 발상

마음의 상처
생각의 부족
어떤 핑계로
시점을 넘을지
그 핑계로
오늘을 위로한다

모두의 자유여

가슴속의 이야기
비우고 비우고
또 비우지만
마음의 소리
내 자유는
끝없이 날갯짓하니

가슴속의 작은 마음
나의 마음일까
알지 못한 미련일까
맑고 맑은 하늘일까

세상은 변하고 변하는데
나의 마음만은 변하지 못하니
이 어리석은 생각들

무엇을 추구하나
나의 자존심
나만의 자유
옛 기억과
나의 미래들의
끝없는 모두의 자유여

사랑의 노래

사랑을 하렵니다
가슴속의 노래를 하렵니다

모두에게 사랑을 나누지요
나만의 사랑은 외롭잖아요

마음만은 아니어요
주고픈 마음이겠지요
사랑의 달콤함이겠지요

아름다운 마음을 나누세요
모두의 사랑을 나누세요
세상은 아름다움으로 가득 차겠지요

모두를 위하는 사랑
그리워하는 사랑
아름다움이 가득한
모두에게 사랑의 노래를 불러 봅니다

나는

슬피 우는 새도 아니고
말없이 되새김질하는 소도 아니니
어디서 와서 어디로 가는지

나는
누구인가

세상은 변하고 변해도
오늘이 있고
내일이 있듯이
나의 미소는
오늘도 달린다

스스로를 생각하고
끊임없이 존재를 느끼며
나의 발전
나는 무엇인지

나는
나의 그리움

무엇이 나를 움직이는가

나를 당기는 힘

나는 나이기 때문이다

아름다움

나에게도 아름다움 있어
조그만 즐거움
소박한 사랑 있어
배품 그득하면
얼마나 좋을까

사는 게 힘들어도
조그만 가슴
나만의 미덕
그 기쁨
아름다움
그 헤아리고픈
나의 마음들

죽어서
끝이면
한없는 나락이겠지만
순간순간
마음가짐 속
아름다운 사랑이면
얼마나 좋을까

주는 마음

모두가 좋아하는 사랑이었으면 좋겠습니다
진실로만 이루어졌으면 좋겠습니다
주고파 하는 그런 마음이었으면 좋겠습니다
선으로 이루어졌으면 좋겠습니다
미움은 버리고 아름다움이었으면 좋겠습니다

우리들의 마음
주는 마음
사랑스런 마음
그런 마음
오늘도 생각하게 합니다

선으로 이루어진 사랑

사랑이 없으면
사람이 낙이 있을까
모두가 사랑으로
선으로 가늑했으면
아름다운 세상일 텐데

그립고 그리운
아름다운 사랑
나 먼저 사랑을
이루려 하는 마음
사랑의 자유
주는 아름다움
그 아름다움

세상이 험해도
사랑을 주는 마음
변치 않으리
누구나 생각하는
그런 사랑
끝까지 끝까지
우린 달려갑니다

사랑의 아름다움

진실로 진실로
사랑은 아름다움이라

마음을 주는
그런 행복
느끼는 사랑
진정 아름다움

세상이 변해도
사랑의 아름다운 마음은
변치 않으리

나에게도
주는 아름다움이 있어
행복이 가까이에 있어
항상 즐거우면
또한 기쁘리

사랑의 아름다움이
모든 사람에게

가까이에 있으면

더없이

바랄 게 없을 텐데

새벽의 소리

어둠은 조금씩 물러가고
창밖엔 벌써
이름 모를 새들의 지저귐
나의 마음
어느새 같이 어우러져
상쾌함 어디에 비할까

이름 모를 새들
어느새 소리들 그치고
참새들만 마음을 나누는지
열심히 지저귀는데
나의 마음속 어우러짐
같이 진행하네

새벽의 소리
아니 나의 소리
그렇게 동화됨은
나도 느낌의 소리
어느 위치인가

오늘도 나의 생각들

간단히 정리함에 있어

새벽의 소리에

마음의 정리

조용한 새벽의 소리를 즐기네

나의 존재

나는 어디서 와서
어디로 가는지
깊은 생각 하지만
답이 없고
처음과 끝
어려운 생각뿐

나는 누구인가
나의 존재는
선택받은 나인가
귀한 존재인가
부족한 존재인가

생각은 해 보지만
뚜렷한 답은 없고
생각만 무성할 뿐
헤아리지 못하니
답답할 뿐

모든 일에
이유 있듯
나의 존재
이유 있겠고
뜻이 있겠지

생각보단
실천의 길을 가련다
이유 있는 길
나만의 존재의 길
훌륭함보단
옳은 길을 가련다

신의 존재

사람은 어디서 시작해
어디로 가는지
시작과 끝이 뭔지
행복이 뭔지
욕심이 뭔지
사랑이 뭔지
돈이 뭔지
사람을 죽이고 살리는 것이 뭔지
신은 있는지
삶과 죽음이 왜 있는지
왜 무신론와 유신론이 있는지
선과 악 모두 공존하는
인류 역사

신은 존재한다
다만 보이지 않을 뿐
땅이 있고 하늘이 있다
자연이 있고
사람이 있고
우주 만물이 있다

자연적으로 생겨날까
아니면 신의 창조물일까
어려운 생각
무와 유의 중심
느끼는 자의 행복
왜 신은 있는지
사람들은 너무 쉽게 생각지 않는지
자기 위주의 생각은 아닌지
난 생각해 본다

선과 사랑

변하고 변해도
변치 않는것
선과 사랑이라

태초부터 선과 사랑은
시작이라

선이 있기에 사랑이 있고
사랑이 있기에 선이 있으니

뭔가 주고픈 사랑
베풀려는 선
모두 아름다움이라

모든 일에 선과 사랑이
통하지 없는 것 없고
또한 아름다움이라

그날의 추억

그때 그 기억
우리의 사랑은 그렇게 시작했고
개울가에 핀 찔레꽃 그 향기
서로 즐기며 마음을 나누었죠

그녀는 말했고
난 네가 전부라는 걸,
나의 영원한 아픔이자 사랑이라고

그녀는 내 가슴을 빼앗아 갔고
나의 마음은
갈대가 되었죠

아픔이 뭔지 그때는 몰랐지만
그녀가 내 곁을 떠날 때
내 가슴은 아픔의 연속
그 슬픈 괴로움이었죠

그날의 기억 속 추억
오늘도 한없이 한없이 흘러만 가네요

나의 어머니

산은 푸르고
큰물은 장대하지만

나의 고향 칠갑산
나의 집
물에 잠긴 저수지뿐

집은 보이질 않고
기억 속 옹달샘
물지게 가득 지어
나르던 생각

커다란 지게 지고
눈 속을 헤집던
어린 시절

오늘도
홀어머니 혼자 두고
군대 가던 기억

“어머니” 하고 가슴속
소리 질러 보지만
대답 없는
가슴반 응어리
아픔만 가득

내 사연
끝없이 끝없이
저 호수에
띄워 보지만
어머니
한없이 한없이
대답 없네

슬픈 사랑

사랑의 슬픔을 아시나요
우리는 아낌없이 만났고
서로의 눈빛을 맞추며
미래를 약속하고
인연의 시간을 나누었죠
사랑하는 마음을 느꼈고
우리는 하나를 이루고
즐거운 시간을 나누며
사랑의 진실을 알게 했고 이루었죠

그때의 기억
세상을 다 얻은 것 같았던 기억
모든 것 다 주고팠던 그때
사랑의 아픔
나의 마음 아픔

지금도 그 시간을 기억하면
눈가에 고이는
슬픈 사랑을
아픈 가슴을 안고
그때를 기억해 봅니다

아름다운 사랑

그녀는 아름답습니다
나의 가슴을 흔들어 놓는군요
당신은 나의 정신을 혼란케 했어요
그녀의 말 한마디에
나의 가슴은 뛰고 설레고
그녀는 나의 우상이 되었죠
언제부터인가 나의 마음속에
자리 잡고 나는 슬픔을 모르는 사람이 되었죠
사랑은 이런 것인가 보네요

당신은 나의 가슴속의 보석인가요
나의 소중한 나의 마음인가요
나의 사랑 나의 존재인가요
사랑은 영원한 행복이네요

사랑이란 변하지 않는 것

그 무엇이 변하고 변해도
변치 않는 것 사랑이라
나의 사랑 끝까지 끝까지 변함없고
당신을 사랑하는 마음 변치 않으니

우리 사랑의 시작은 미약하였으나
사랑이라는 마음에 감사했고
또 감사했으니 이것이 사랑이네
태초부터 아버지의 사랑은 시작됐고
사람들의 사랑이 시작됐으니
그것이 사랑이라

우리의 사랑도 이제 시작이니
아버지의 사랑 가슴에 품고
끝없이 끝없이 사랑의 고마움을
우린 느끼는 거야
사랑의 행복을

여보 사랑해

그 언젠가 우린 고궁에서부터 시작되었죠
돌계단에서 조그만 돌을 집어
연못에 하나둘 던지고 있었죠
그녀가 내 옆에 있는 줄도 모르고
생각에 잠겨 하나둘 던지는데
그녀가 말했죠
뭐 하세요
나요
생각하고 있죠
그래요
나도 그 생각에 넣어 주면 안 되나요
나야 황송하죠
그렇게 우리 만남은 시작되었고
그 후로 우린 가까워졌고
서로 사랑하게 됐죠
결혼에 성공하게 됐답니다

우린 사랑의 시를 썼고
마음을 전하고 사랑을 나누었죠
그 후로 소중하고 소중한 아들을 낳았죠

우리 세 가족은 행복을 노래했고
서로의 사랑을 꽃피웠죠

오늘도 여보를 위해 노래 불러 봅니다
여보 여보 사랑해~ 사랑해~ 사랑해~

사랑의 법칙

사랑이란 아름답습니다
세상에 둘도 없는 사랑
세상은 태초부터 이어져 내려오고 있는데
사랑은 가까이하려면 멀어지고
또 멀리하려면 가까이에 있는
그런 어렵고도 아주 쉬운 그런 사랑
그것 우리들의 사랑의 마음이죠

사랑은 너무도 아름답네요
사랑을 전하는 사람
나도 그런 사람이고 싶습니다

사랑을 줄 때 아낌없이 주고
베풀 때 바람 없이 준다면
이것이 너무도 아름다운 사랑이 아닐까요

오늘도 사랑을 위해
조금씩 조금씩 나아가고 있는데
어디에서 시기의 바람이 불까 염려되지만
오늘도 오늘도 앞으로 달려갑니다

비

내일이면 입하
촉촉히 스며드는
여름의 문턱의 비
어제 심은 고추 토마토
너무 즐겁게
일어서는 그 자태

내 마음은 흐뭇한
무엇에 비해도
비교 못 하는 그런 마음
이 즐거움
누가 이해할까

마당에는 비를 피해
엎드려 졸고 있는
진도견 뚱이
개 팔자 상팔자라더니
편안한 모습
나도 덩달아 편해지고

편한 마음에

커피 한잔의 여유

구수한 향기 맡으며

생각에 잠기는 나

오늘도 즐거이

생각하는 갈대가 되어 본다

담대하고 당당하라

어느새 50이 넘은 나이
지금껏 난 무엇을 하였는가
남 앞에 떳떳하고 당당했는가
모범이 될 만했는가

어릴 적 기억이 생생한데
대학 졸업한 지가 엊그제 같은데
벌써 이 나이가 됐으니
세월 앞에 장사 없다더니

이 나이 무얼 할 것인가
남의 이목이 중요한가
나의 신조
담대하고 당당하라

이젠 나의 기준을 세울 때
나 자신을 책임질 수 있을 때
시간이 아까울수록 차분히
이 시간이 가면 다시 올 수 없는 시간

나는 가련다 이 시간을 위해

나의 길

옳은 길

담대하고 당당하라

사는 것은 樂이다

세상은 어지럽게 운행하니
나의 길 나의 위치는
어디에서 시작하고
어디에서 끝을 맺을까

서로 사랑하고
서로 도우니
이것 또한
나의 목표점

사람들의 생각
무엇을 위해
우리는 살고 있는가
행복하고 즐거움이 있다면
건강도 따른다면
무얼 더 바라겠는가

돈이 중요한 건
누구든 아는데
그것이 중요한가

나의 생각 그렇지 않으니
어떤 의미일까

삶 자체
그것
삶의 아름다움
그것을 깨달으면
세상은 나의 것 아닐까
사는 것이 낙이다

내일을 향해

시작은 미약했으나
네 나중은 심히 창대하리니
지금은 어렵지만 내일이 있으니
오늘도 희망의 날개를 준비하면서
내일의 꿈 나에게도 오겠지

오늘도 내일을 향해 달린다
그 꿈을 향해
그 믿음을 향해
나는 달린다

어려운 시련이 와도
즐거운 노래를 부르며
흥이 나는 아침을 맞이하면서
즐거움을 준비하겠지
마음의 흥얼거림
노래를 부르리

노래가 나의 편이 되니
즐거운 노래 나의 친구여

나의 애인

나의 동행

나의 친구여

오늘도 내일을 향해 달린다

내일이 찾아오면

그리움
앞의 미래는
나의 나아갈 길
옳지 않은 생각은
앞으로의 모든 일들은
나의 갈 길을 찾아 떠나는
길을 헤매이고 싶지 않은 마음을
오늘도 옳은 길을 향해 한없이 한없이
나만의 생각이 옳은 길임을 바라는 마음

내일을 기다리며
오늘도 한없이 달려왔던가
내일이 찾아오면
쉬지 않고 달리는 마음을
누가 알련만

내일이 찾아오면
하고픈 일
이루고 이루리다

기다려지는 마음들
사랑의 마음도
기쁨의 마음도
즐거운 마음도
오늘도 한없이 한없이
이루리라
이루리라

새벽의 노래

사는 것 힘들지 모르지만
자신의 마음
어디에 있는가에 따라
그 윤택함 변하고 변하는데
그 마음 모르고 모르니
나도 그런데

사는 게 별거냐
마음의 위치
어디에 두는가
무엇이 문제인가
이것 또한 아이러니

기다린다
새벽을 위해
새벽을 찾아 떠나는 사람들
마음이 편하면
게으름이 붙으니
나는 일어선다
새벽을 찾아

새벽의 중요함

난 중요시하는데

다른 사람은 어떤 생각인지

새벽의 즐거움을 알면

누가 논하리

나는 떠난다

새벽의 노래를 부르며

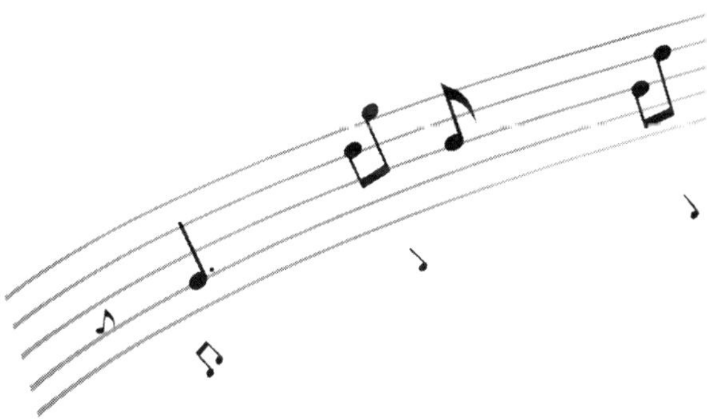

생각은 나의 정신을 지배한다

마음가짐
새로움의 연속성
시작의 차이
생각의 이해관계
사는 게 어렵지만
나만의 시간들
인생은 나 하기 나름
꿈은 없어도
희망을 찾아 떠난다

생각은 나의 정신을 지배한다

꾸준한 나의 노력
시간이 나를 이끌고
세월의 시작점
이 시간들
어려워도 생각을 바꾸고
나를 이끈다

인생은 즐거워야 되는데

조그만 일에도 감사하는 마음
서로를 존중하고 아끼는 마음
중요치 않은 곳에 인상 쓰는
그런 소인이 되지 않기를
나는 바랄 뿐이다

사랑하기 때문에

추억 속 기억들
우리의 만남
고궁 돌계단 연못
연못에 조약돌 던지며
사랑을 약속하던 기억들
당신만을 사랑할 것이라던 약속
그 믿음

지금 나는 어디에
나의 위치
꿈꾸는 나
추억 속 그때
그 기억을
저버린 나
옳지 못한 생각들
남이 되어 버린 시점
나의 잘못된 현실

나를 떠나 버린 당신
나를 버린 당신

슬픈 가슴 안고

당신은 나의 마음을 아시나요

사랑하기 때문에 헤어져야 하는 현실

그래도 당신을 사랑합니다

세상은 아름답다

세상은 아름답다
마음만 바뀐다면

모든 것이 그렇듯
마음과 실천을 이루면
어느 것이 그른가

사는 것이 힘들다 하여도
생각과 마음이
어느 위치에 있나
난 생각한다

세상은 아름답다
꿈꾸는 사람들
선을 베푸는 사람들
사랑을 전하는 사람들

모두 한뜻이 되며
모두 조그만 그리움이 되며
모두 실천이 되는
그런 희망이 되길
그렇게 빌어 본다

아버지의 사랑

아버지는 하늘이십니다
아버지의 사랑
언제나 나의 아버지
항상 곁에 계신
하나님 아버지

슬플 때도 계시고
기쁠 때도 함께하시는
나의 아버지

나의 행동이 옳지 않았을 때
꾸짖으시지만
사랑으로 이루시는
나의 아버지
언제나 내 곁을
떠나지 아니하시네

많은 사람들이
아버지의 존재를
부정하지만

나는 그렇지 않으리

누구나 항상 찾는

그런 아버지

그런 우리들이었으면 하는

바람입니다

훨훨 나는 나비

빗소리에 그대가 생각나고
나의 마음은
그대 곁으로 가니
훨훨 나는 나비이어라
그대가 곁에 없음에
가슴이 휑하고
나는 그대 곁에
언제나 있고픈 마음이네
생각하면 곁에 있고
항상 친구 되면 하는 마음
나의 마음 끝이 없어라

사는 동안

주어진 시간
많은 시간 속
무엇을 위해 살아왔는가

오늘이 있고
또 내일이 찾아오며
흐르는 시간 속
나의 존재감

많은 일들
스스로의 추억들
스치는 바람도
나에겐 아픔이었나
괴로움이었나

사는 동안
즐거운 일과
행복한 추억을 만들자

사는 즐거움

조그만 일에도

기쁨을 느낄 수 있는

그런 삶이고 싶다

마음의 소리

지난날의 추억
그리움
세월의 불확실성
나의 소리는 어디에
그 끝은 보이는가

세상은 돌고 도는 어지러움
어디서 시작해서
어디가 끝인지
나의 함성
마음의 소리

진정 나의 소리는 있는가
보이지 않는 소리

사람은 죽고 죽는다
나 또한 죽는다
항상 슬퍼해야 하는가

항상 마음의 소리를 갖자

행복한 미래를 생각하고

진정 나의 소리를

오늘도 마음의 소리를 질러 본다

기다림

어느덧 시간의 흐름 속
가슴의 따스한 온기
품고 싶은 연정
설레는 기다림
마음의 꽃이 되어
사랑을 속삭인다

시간은 흐르고
끝없는 나의 가슴은
기다림의 연속
계절의 흐름 탓인가
스치는 바람도
나의 마음을 아는지
야릇한 미소도
어떤 기다림을 즐기네

세상이 나를 이끄는가
슬플 때도 있지만
미소를 즐기는 그런 나
생각들 속 계산적인 일

모든 나의 철학적 이해관계

무엇을 추구하는지

생각을 이끄는

그런 즐거움인가

그런 기다림인가

생각

생각은 자유다
모든 생각
마음의 자유
생각 중에 아름답고 좋은 생각
어떤 마음의 어떤 생각
난 자유인이다

어떤 마음이 나를 이끄는가
나의 중심에 있는
마음의 생각들
옳고 그름의 차이
나의 본질의 생각들
삶의 진실은
어디가 시작이고
끝은 어딜까

마음의 평화
아름다움의 씨앗
생각의 중심
모든 일들의 중심인 생각

새로운 것들을 즐길 수 있을까

마음의 여유를 즐기자

마음의 여유

시작이 반이다

새해가 시작되고
새로운 마음가짐들
시작이 반이라 누가 말했던가
지금도 깨어 있지 못한 나
어디서 나를 일깨울 건가
나에게 물어보지만

시작이 반이다
생각을 이루는
나만의 생각
현실과의 싸움
스스로의 싸움

무엇을 하고 싶다는 생각들
나에 대한 생각
진보의 옳은 판단
나만의 계획
실천의 욕망
나를 이끄는
나의 모든 일들
계획하고 실천하는
나의 기쁨이 되리라

고요 속의 평화

새벽 이른 시간
보편적 자고 있을 시간
고요 속의 평화
나는 조용히 명상에 잠기고
오늘을 준비하네

내게 주어진 시간
시간이 나를 이끄는지
내가 시간을 이끄는지
나는 생각에 잠기고
즐거운 마음으로
오늘을 이끄네

모든 일이 그렇듯
준비하는 곳에 기쁨이 있고
스스로 느끼며
마음의 고요 속 평화를
느끼며 즐겨 본다

2부

행복

정 용우

오늘 문득
늘 동트는 아침을
나는 아무 감각 없이 쳐다봤다
오늘 솟아오른 태양은
나를 책망하며 바라본다

지금 나와 함께 가자
내일은 너에겐
없다는 걸 모르느냐

봄바람에 파도처럼
출렁이는 보리밭을 보았느냐
종다리 높이 떠
지저귀는 소릴 들어 봤느냐
아지랑이 피어오르는 들판을 보고
무슨 감정이 일었느냐

들에 피어나는
아기자기한

향긋한 꽃들을 보고 행복했었지
키득거리는 어린 것들을 바라보며 행복했었지

푸르른 숲속에서 행복을 만끽하고
끝없는 백사장에
찬 물결을 나는 온몸으로 뒤집어써 봤네
나의 꿈
나의 행복

천국의 기다림

정 용우

하나님은 이젠 그만
나에게로 오라고 하신다
그곳보다 더 좋은 곳으로
오라고 하신다
그러나 난 싫어요
이 세상이 더 좋아요
이곳에 더 오래오래 있고 싶어요
배고팠지만 어린 시절로 돌아가서
한 번 더 살고 싶어요
죽는 건 싫어요

하나님은 웃으시며
두 손을 내미시네
더 이상 투정 부리지 말고
나에게 오렴
이곳은 너 있는 곳보다
천 배 만 배 더 좋은 곳이란다

아 어쩜 좋아

생각나는 얼굴들
이제 다 뒤로하고
코 꿰여 끌려가는 소처럼
가야만 할까!
아니야 할렐루야 부르며
주님 품으로 뛰어들어 가야겠다
영원한 천국이 저기에 있네
아멘 할렐루야 천국 가자

상념

정 용우

사랑이 싱긋 웃으며 다가오네
마구 뛰어서 달려오네
숨차게 뛰어오다
넘어지면 어쩌나
두 팔 벌려
나도 뛰어 나가련다

해는 서산에 걸려
온종일 바빴던 일들을 접고
이제 편안한 잠을
잘 채비를 하고
붉게 물든 얼굴을
뒤로하고 숨었네

이젠 나도
고단한 일들일랑
서산에 걸어 두고 자야지
그 아름답던
너도 잠들었고

사랑스러운
나의 분신들도
머잖아
우릴 만나러 오겠지

해는 서산에서
벌써 사라졌나 보다
숨차게 뛰어오던
너도 이젠 자야지
안산에서

보고픈 당신

정 용우

해당화 곱게 핀
바닷가에선
조개들의 소꿉놀이
조약돌들의 합창 소리
연인들의 웃음소리

조용히 귀 기울여
듣노라면
해가 기운다
해당화 향기에 취하여
떠날 줄 모르는 사람아
이젠 그만 일어나
집으로 가자
집으로 가야지

노을이 진다
수평선 너머로 노을이 지네
어디로 가나
난 어디로 가야 하나

갈 곳 없는 난
여기에 망부석 되어
매일 너의 속삭임 들으며
여기 있으리
오이도
너와 같이
손잡고 걸었던 길
지금은 해당화 보이지 않고
찬 바람만 끝없이 부네

당신이 보고 싶다
보고 싶다
오이도에서
용우가
당신이 보고 싶다
간절하게 오이도에서

당신에 대한 나의 사랑

정 용우

당신 눈에
내가 안 보이더라도
걱정하거나
의심하거나
고민하지 마세요
난 항상
당신 곁에 있어요
난 죽을 때까지
당신의 남자이니까
당신은 내 여자이고
우리는 하나라는 거 잊지 마세요
난 당신이 무얼 원하는지
다는 몰라도
늘 당신 곁에서
당신의 눈동자를 보며
당신이 무얼 생각하는지
알려고 노력해요
우린 서로가 필요하고
서로의 가슴에서

안식을 얻고 있잖아요
원하지 않은
비바람이 몰아쳐 와도
우리는 언제나
그 자리에 있어야 해요
지구에 종말이 올지라도
우리는 언제나 그 자리에
서로가 더 배우고
서로가 이해하고
감싸 주면
마음 가득히
밀려오는 행복이
함박 웃으며
달려올 거예요
서로의 믿음이
영원하기를 기도하며

안산에서 용우가
하늘에 있는 영숙에게

봄바람

정 용우

화사한 목련꽃
나무 아래
봄 불 지펴 온 아지랑이
끝없이 번지고

아지랑이 연기에
개나리 진달래 고운 실눈 뜨고
봄 배웅 바람 되어

어디로 가나
못내 떠나간 내 사랑
아 가려무나
봄 향기 되어
이 봄 미련 없이
떠나기 전에
나도 아지랑이
연기 되어
봄 향기 되어…
영숙아 보고 싶구나

여유

정 용우

늦잠 잤네요
햇볕이 창문 가득히
쳐들어왔군요
오늘도 무척 더울 것 같아요
어제도 너무 더워
갈증에 시달렸을 거예요

세상 살면서 행복했던 순간들이
얼마였을까요?
늘 행복에 갈증은 없으셨나요?
외롭다고 느껴 보신 적은 없으셨나요

세상 살다 보면
몇 번쯤은 누구나
산다는 것에
회의를 가졌을 거예요
지금 당신은
어느 간이역을 지나고 있나요?

스쳐 가는 세월에

떠내려가는 건 아니겠죠

머잖아 종점에 도착하겠죠

혹 수를 놓아 보셨나요

아름답게 놓으셨나요

그림도 나그네 인생

남은 세월 곱게 아름답게

우리 함께 그려 볼까요?

생각이 바뀌면

인생 자체도 바뀌어요

탈출해 볼까요?

어느 영화처럼

이따금 모험도 스릴이 있어요

너무 아슬아슬

하지만 해가 늘 동쪽에서 뜨고

서쪽으로 지듯이

오늘도 다람쥐 쳇바퀴 돌듯이 살았군요

흐린 날도 좋고요
비 오는 날도 좋아요
눈 오는 날은 더 좋고요

세상 살다 보면
돌에 걸려 넘어지기도 하고
진흙탕에도 빠지고
험한 숲길도 헤쳐 나가야 되는 것처럼

오늘 여기까지 왔으니
또 가야 하는 길은
아스팔트 길로 세단 타고 갈까요
그러나 그 길은 너무 빠르지 않을까요?

나 여유 있게 괴나리봇짐 메고
지팡이 휘두르면서 산천 구경하며
도랑에서 발 씻고 주막에서 술 한잔 하고
지나간 유행가 부르며 시 한 수 흥얼거리며

종점도 없이 걷다가 뒤돌아보며
정다운 사람도 사귀며
천천히 천천히 휘적휘적 걸어갈 거예요

걷다 보면 나도 모르게 종점 지나
되돌아갈 수도 있을 거예요
하 하 넋두리가 길어졌다

우리의 사랑

정 용우

당신이 나를 사랑하신다면
천천히 다가오세요

봄바람이 귓가를 스치듯이
살며시 다가오세요

마음은 달려오고 싶겠지만
사소한 감정에
넘어질 수 있잖아요

부드럽게 어루만져 주세요
사랑은 부드럽게
시작해야 해요

파릇파릇 사랑의 새싹이 돋으면
머잖아 아름답게 꽃이 피고
탐스럽게 열매도 맺지요

그때
그때는

우리 서로가 무얼 해야 하는지
알잖아요

세찬 바람도 소나기도
우리의 사랑은
꺾을 수 없어요

오해와 실망이
우리를 갈라놓으려 해도
폭풍이 우리의
가지를 부러트려도

서로의 이해와
정성 헌신 속에
사랑에 맑디맑은
진액이 감싸고
더 단단한 옹이가
우리의 사랑을
성숙시킬 거예요

세상에 영원한 것은 없어도

영원을 향하여

씽긋 웃으며

손잡고 가 봐요

사랑해요

정 용우

사랑은 언제나 오래 참고
기다리는 것이라 하지만
주저주저하다가는
후회할 거예요

사랑해요
사랑해요
백 번을 고백할까요
천 번을 고백할까요
한 번만 하면 안 될까요

곧 머잖아 봄이 오겠죠
향기로운 장미꽃밭에서
고백할게요

사랑해요
사랑해요
당신을 사랑해요

저 넓은 푸른 잔디 위를
손잡고 걸어요
콧노래 흥얼거리며
사랑을 속삭여요
하늘 향해
두 팔 벌려 맹세해요
정말로 정말로
당신을 사랑해요

눈을 살며시 감아요
포근한 봄바람이
우리를 축복하며
귓가를 간지럽히네요

봄바람이 시기하기 전에
가슴 벌려 맞으세요
주저주저하다가는
후회할 거예요
지나간 날들은
찾을 수 없거든요

기다림

정 용우

아마 올려나
온다는 약속은 없었지만
바깥은 바람 차갑고
가랑비 내리네

재촉 말고 기다리면
오겠다던 님은 언제쯤 오시려나
계절 잊은 가랑비만 내리네

왜 이리 날은 빨리도 저무는가
비야 비야
야속한 가랑비야

지금이라도 그쳐 다오
너 때문에 나의 님 더디 오시잖니

노을

정 용우

노을 진 석양을 바라본다
네 모습 곱디고운
노을 위에 드리우면
환하게 웃음 짓던
너의 얼굴이 겹친다
너와 나의 긴 그림자
땅거미 너머로 사라지면
아 그리움도
아쉬움도
오늘의 이야기도
수평선 너머로 미련 없이 보내고
우리 사랑에
여운도 보낸다
내일도 석양은 붉게 물들려나~
흔적 없는 우리의 사랑은
노을처럼 어두운
긴 그림자 남기고
정처 없이 떠나가네
안산에서 용우가
영숙을 보내고

인생이 무엇이뇨?

정 용 우

풀에 이슬 같고
아침 안개 같다고
성경은 말해요
성경 말씀은 영원불멸의
진리인 거 아시죠

다시 쓸 수 없는 인생
남은 날이
얼마인지 모르지만
하루를 더 살아도
사과나무를 심어야겠지요

과거를 지우고 싶어요
그런데 지우개가 없네요
잊으면 될까요
잊힐까요?

후회만 하고 있을 수 없어요
남은 날이 누구도
얼마인지 모르니까

사랑하세요
누구라도 진정으로 사랑하세요
아끼지 마세요

내가 무엇을 가지고 있는지
점검해 보셨나요
있을 거예요
돈이 없으면
힘이라도 있을 때

참 하나님 섬기는
방법 배우세요
하나님이 나에게
무엇을 요구하시는지
알듯 알고 있다고 생각하고
살면서 행하고
따르지 못했잖아요

하나님은 사랑이시지요

어떻게 사랑해야 하는지
사랑하는 법도 배워야 해요

오래 참고
시기하지 않고
무례에 행하지 않고
자랑도 교만도 아니 하고
사랑은 모든 것 감싸 주고

고린도전서 13장은
모든 사랑의 지침서예요
우리 사랑하며 살아요
하루를 살아도

참새 쫓는 허수아비

정 용우

나는 허수아비랍니다
꼭지 커다란 빵꾸 난 밀짚모자에
다 해어진 저고리
왕방울 눈에
치켜뜬 눈썹
사슴처럼은 아니지만
목이 아주아주 길답니다

사람들은 두 다리로
마구 돌아다니지만
난 다리가 하나예요
그래서 난 돌아다닐 수 없나 봐요

그래도 난 행복해요
아이들이 지나가며
나를 툭툭 치거든요
언제까지 이곳에
서 있어야 하는지
아무도 알려 주지 않네요

노란 황금빛 들판에
참새들이 날아와
내 팔에 앉고
짹짹 지저귑니다
여기 내가 왜
서 있는지 난 몰라요

호수와 나

정 용우

저 파란 하늘 조각 되어
조그만 호수에 담겼네
바람이 괜히
심술이 났나 보다
산산이 하늘은 부서지고,
조각이 나네
구름도 물총새도
놀랐나 보다
반짝이는 햇살이 눈부시다
누구라도 이 호수에
돌 던지지 마라
너와 나의 마음속
다 들여다볼
변화무쌍한
나만의 호수
부탁한다,
작은 목소리로
바람아 멈추어 다오

안산에서 용우가

가을 향기

정 용우

가을 파란 하늘빛 짙어지니
가을이 한껏 익었네
이제 흰 눈 내리면
가슴 가득 펴 담았던 가을 향기
그대에게 아낌없이 펴 주려네

노을이 짙어진 마음의 강에
가을 향기 가득 담아 드리오리다

가을 햇살에
빈 배만 떠서 출렁거리고
강 건너 나그네
하염없는 눈망울로
뱃사공을 보건만
가을 강 노을은 외면만 하네

노을아
조금만 더 기다려 주지 않겠니
무심한 노을은

인정사정없이 도망가 버렸네

안산에서 용우가 당신을 기다리며

당신의 그리움

정 용우

지난날 우리가 만났던
바람 가득한 바닷가
갈매기만 무심히 나네

서쪽 하늘엔 노을이 붉게 물들고
시간을 재촉하건만
이 언덕 당신과 나누었던
아름다운 사랑 이야기는 어디로 갔나

내가 당신을 잊었나요
당신이 나를 잊었나요
찬 바람만 옷 속을 파고드네

당신 모습 어디로 갔나
내 모습 어디로 갔나
말없이 무심히 지나가는
구름에 실려 갔나
별빛 따라 영영 날 버리고 가 버렸구나

아 우리가 보이지 않는 것은
잠시 서로가 깊은 잠에 빠져서일 거야

안산에서 용우가 당신을 보내고